ΕΥΓΕΝΙΟΣ ΤΡΙΒΙΖΑΣ
«ΜΕΤΡ ΤΟΥ ΧΙΟΥΜΟΡ ΚΑΙ ΤΩΝ ΑΝΑΤΡΟΠΩΝ»

© Σίσσυ Μόρφη

Όπως ο Χανς Κρίστιαν Άντερσεν, έτσι και ο Ευγένιος Τριβιζάς γράφει σε μια από τις λιγότερο διαδεδομένες γλώσσες της ευρωπαϊκής ηπείρου. Τα παραμύθια του, όμως, όπως και αυτά του Άντερσεν, έχουν τη δύναμη να αγγίζουν την καρδιά και το μυαλό των αναγνωστών όχι μόνο σε όλη την Ευρώπη, αλλά και σε ολόκληρο τον κόσμο.
Boyd Tonkin, *Literary Editor, The Independent*

Ο Ευγένιος Τριβιζάς είναι ένας προικισμένος ποιητής παραμυθιών και θεατρικών έργων, που απευθύνεται σ' όλους τους μικρούς αλλά και σ' εκείνους από τους μεγάλους που μπορούν να ταξιδέψουν με το όνειρο και μέσα από την «ονειροφαντασία» να βρουν την ουσία της αντιποιητικής και παραποιημένης πραγματικότητας.
Γεώργιος Μπαμπινιώτης, *καθηγητής Πανεπιστημίου Αθηνών*

Μετρ του χιούμορ και των ανατροπών, μοναδικός στην Ευρώπη.
Professor Christie Davies, *Bookbird*

Ο λογοτεχνικός κόσμος του Τριβιζά αποτελεί μια αποκάλυψη.
Miriam Gabriela Möllers, *Vice Director, International Literature Festival Berlin*

Ό,τι καλύτερο μπορούσε να μας συμβεί, ειδικά στις μέρες μας, θαρρώ πως είναι ο Ευγένιος Τριβιζάς! Ο θαυματοποιός Τριβιζάς. Ακόμα κι αν δεν υπήρχε, θα άξιζε να τον εφεύρουμε!
Φωτεινή Τσαλίκογλου, *καθηγήτρια Ψυχολογίας στο Πάντειο Πανεπιστήμιο*

Μέσα στην ψυχρή επιστημονική τεχνική του εγκληματολόγου που χρησιμοποιεί τις λέξεις ως νυστέρι, κρύβεται μια υπέροχη φτερωτή στολή, μια οργιάζουσα φαντασία, ένας χείμαρρος λεκτικός, ένας γοητευτικός παραμυθάς.
Κώστας Γεωργουσόπουλος, *κριτικός*

Ο Ευγένιος Τριβιζάς είναι ο καλύτερος παραμυθάς του καιρού μας. Σε κάθε έργο του το αποδεικνύει.
«Βιβλιοθήκη», *Ελευθεροτυπία*

Κάθε νέο βιβλίο, κείμενο, θεατρικό έργο του Ευγενίου Τριβιζά είναι ένα σημαντικό γεγονός, ακόμα κι όταν πρόκειται για λίγες αράδες ή ένα σχόλιό του.
Ναυτεμπορική

Δεν είναι απαραίτητο να υμνήσουμε και εμείς την «εκπαιδευτικότητα» των βιβλίων του Τριβιζά. Η αδύνατον να αντιγραφεί συνταγή του περιλαμβάνει τα σωστά υλικά στις σωστές δόσεις.
Το Βήμα

Ο παραμυθάς Ευγένιος Τριβιζάς είναι ένα πρόσωπο αγαπημένο. Έρχεται από τα βάθη της φαντασίας στην πηγή της παιδικής μας ηλικίας, για να κάνει πραγματικότητα όσα κρύβουν τα όνειρά μας.
City Press

Πολυγραφότατος, διασκεδαστικός, στοχαστικός, εφευρετικός, πολύπλευρος, ανατρεπτικός... Με ποιες και πόσες λέξεις να περιγράψει κάποιος το «μάστορα» της γραφής, που ακούει στο όνομα Ευγένιος Τριβιζάς; Όποιος έχει «γευθεί» τις ιστορίες του καταπληκτικού παραμυθά έχει σίγουρα μαγευτεί και γνωρίσει έναν άλλον κόσμο, γεμάτο εκπλήξεις, που αγγίζει το νου και την καρδιά.
Ριζοσπάστης

Η ΠΑΣΧΑΛΙΤΣΑ ΜΕ ΤΗ ΜΙΑ ΚΟΥΚΚΙΔΙΤΣΑ

ΤΙΤΛΟΣ ΒΙΒΛΙΟΥ:
Η πασχαλίτσα με τη μία κουκκιδίτσα

ΣΥΓΓΡΑΦΕΑΣ: Ευγένιος Τριβιζάς
ΕΙΚΟΝΟΓΡΑΦΗΣΗ: Λίζα Ηλιού
ΕΠΙΜΕΛΕΙΑ ΕΚΔΟΣΗΣ: Μαρία Κουτσιούμπα
ΣΥΝΘΕΣΗ ΕΞΩΦΥΛΛΟΥ: Γιώργος Παζάλος
ΚΑΛΛΙΤΕΧΝΙΚΗ ΕΠΙΜΕΛΕΙΑ – ΣΕΛΙΔΟΠΟΙΗΣΗ: Σοφία Ζώρα
ΕΚΤΥΠΩΣΗ: Ι. Πέππας ΑΒΕΕ
ΒΙΒΛΙΟΔΕΣΙΑ: Μάντης Ιωάννης & Υιοί Ε.Ε.

© Ευγένιος Τριβιζάς, 2013
© ΕΚΔΟΣΕΙΣ ΨΥΧΟΓΙΟΣ Α.Ε., Αθήνα 2013

Πρώτη έκδοση: Απρίλιος 2013, 6.000 αντίτυπα
Πρώτη ανατύπωση: Ιούλιος 2014

ISBN 978-618-01-0166-9

Τυπώθηκε σε χαρτί ελεύθερο χημικών ουσιών, προερχόμενο αποκλειστικά
και μόνο από δάση που καλλιεργούνται για την παραγωγή χαρτιού.

Το παρόν έργο πνευματικής ιδιοκτησίας προστατεύεται κατά τις διατάξεις του Ελληνικού Νόμου (Ν. 2121/1993 όπως έχει τροποποιηθεί και ισχύει σήμερα) και τις διεθνείς συμβάσεις περί πνευματικής ιδιοκτησίας. Απαγορεύεται απολύτως η άνευ γραπτής αδείας του εκδότη κατά οποιονδήποτε τρόπο ή μέσο αντιγραφή, φωτοανατύπωση και εν γένει αναπαραγωγή, διανομή, εκμίσθωση ή δανεισμός, μετάφραση, διασκευή, αναμετάδοση, παρουσίαση στο κοινό σε οποιαδήποτε μορφή (ηλεκτρονική, μηχανική ή άλλη) και η εν γένει εκμετάλλευση του συνόλου ή μέρους του έργου.

Σ.τ.Ε.: Ο τονισμός είναι επιλογή του συγγραφέα για διασφάλιση της ρυθμικής ευφωνίας κατά την ανάγνωση του κειμένου.

ΕΚΔΟΣΕΙΣ ΨΥΧΟΓΙΟΣ Α.Ε.
Έδρα: Τατοΐου 121
144 52 Μεταμόρφωση
Βιβλιοπωλείο: Μαυρομιχάλη 1
106 79 Αθήνα
Τηλ.: 2102804800
Telefax: 2102819550
www.psichogios.gr
e-mail: info@psichogios.gr

PSICHOGIOS PUBLICATIONS S.A.
Head office: 121, Tatoiou Str.
144 52 Metamorfossi, Greece
Bookstore: 1, Mavromichali Str.
106 79 Athens, Greece
Tel.: 2102804800
Telefax: 2102819550
www.psichogios.gr
e-mail: info@psichogios.gr

ΕΥΓΕΝΙΟΣ ΤΡΙΒΙΖΑΣ

Η ΠΑΣΧΑΛΙΤΣΑ ΜΕ ΤΗ ΜΙΑ ΚΟΥΚΚΙΔΙΤΣΑ

Εικονογράφηση: Λίζα Ηλιού

ΠΡΩΤΗ ΑΝΑΤΥΠΩΣΗ

Το βιβλίο αυτό το αφιερώνω στην Οφηλία την πασχαλίτσα που της αρέσει να κάνει τσουλήθρα στην προβοσκίδα του Πουκιπόν, του άσπρου μου ελέφαντα στο Νησί των Πυροτεχνημάτων.

Ήτανε κάποτε μιά πασχαλίτσα,
τοσοδούλα, μιά σταλίτσα,
που είχε μία, μόνο μία κουκκιδίτσα.

μία κουκκιδίτσα

...ώσπου σε μια βερικοκιά,
με βερίκοκα χρυσά,
βλέπει μία πασχαλίτσα,
που 'χε μία
κι άλλη μία
κουκκιδίτσα.

Και της λέει:
 — Θέλεις να κάνουμε παρέα,
πασχαλίτσα μου ωραία;
Θέλεις να κάνουμε αγκαλίτσα,
όμορφή μου πασχαλίτσα;

μία, κι άλλη μία κουκκιδίτσα

...ώσπου σε μιά κληματαριά,
φορτωμένη με τσαμπιά,
βλέπει μία πασχαλίτσα
που είχε μία
κι άλλη μία
κι άλλη μία
κουκκιδίτσα.

Και της λέει:
— Θέλεις να κάνουμε παρέα,
πασχαλίτσα μου ωραία;
Θέλεις να κάνουμε αγκαλίτσα,
όμορφή μου πασχαλίτσα;

μία, κι άλλη μία, κι άλλη μία κουκκιδίτσα

Και απαντάει η πασχαλίτσα
που είχε μία
κι άλλη μία
κι άλλη μία
κουκκιδίτσα:
— Εμείς οι πασχαλίτσες
με τις τρεις ωραίες κουκκιδίτσες
δεν κάνουμε ποτέ παρέα
με μία πασχαλίτσα
που έχει μία μόνο,
μόνο μία κουκκιδίτσα.
Γι' αυτό σ' αφήνω στη στιγμή,
πάω με τις φίλες μου εκδρομή!

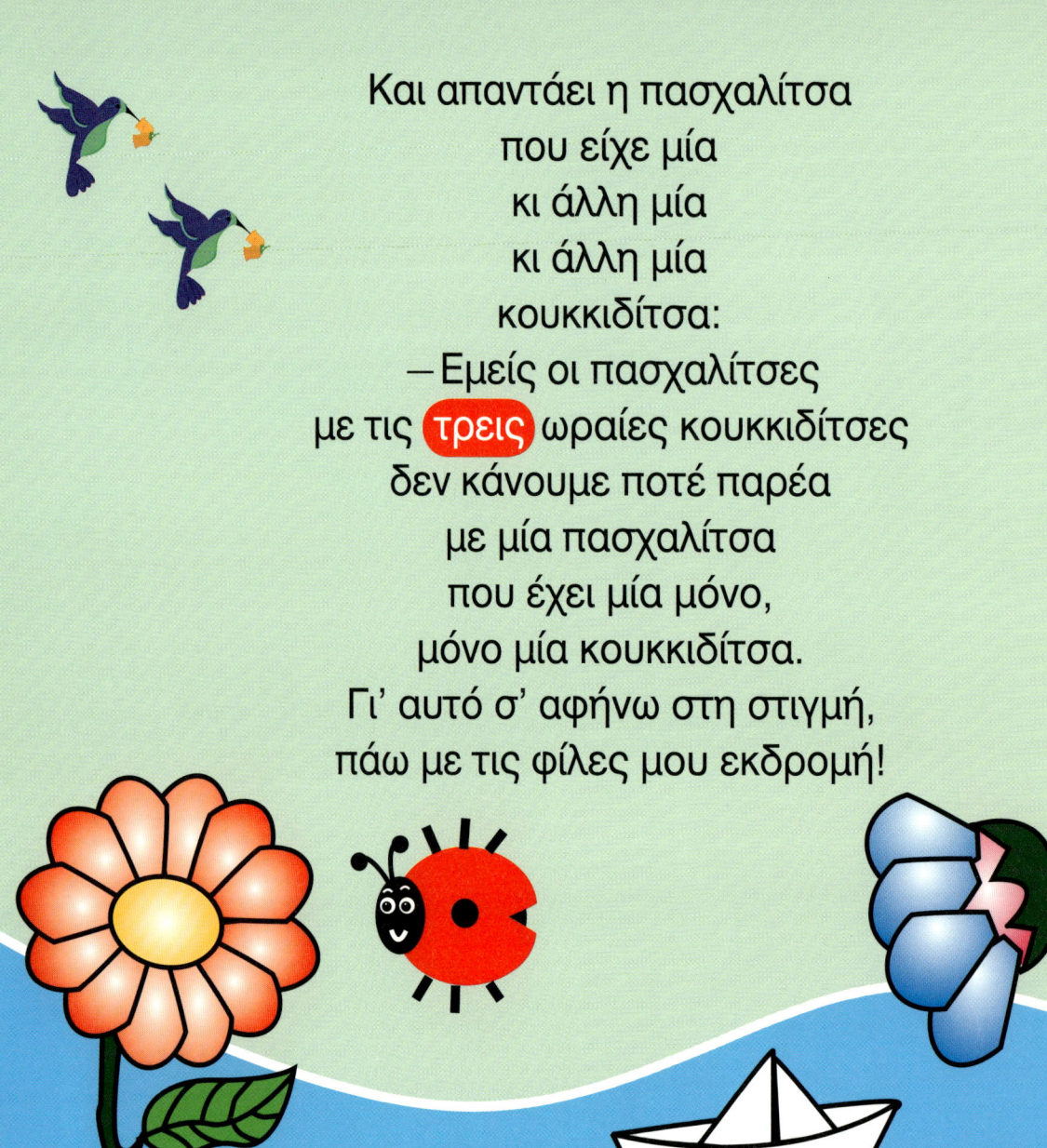

Και της λέει:
— Θέλεις να κάνουμε παρέα,
πασχαλίτσα μου ωραία;
Θέλεις να κάνουμε αγκαλίτσα,
όμορφή μου πασχαλίτσα;

μία, κι άλλη μία, κι άλλη μία, κι άλλη μία κουκκιδίτσα

Και της λέει η πασχαλίτσα
που είχε μία
κι άλλη μία
κι άλλη μία
κι άλλη μία
κουκκιδίτσα:
— Εμείς οι πασχαλίτσες
με τις τέσσερις ωραίες κουκκιδίτσες
δεν κάνουμε ποτέ παρέα
με μία πασχαλίτσα
που έχει μία μόνο,
μόνο μία κουκκιδίτσα.
Γι' αυτό σε αποχαιρετώ,
πάω στη λίμνη να καθρεφτιστώ
και τις κουκκιδίτσες μου,
που μου αρέσουν τόσο,
να τις καμαρώσω!

...αφήνει να την πάρει ο νοτιάς
και σ' ένα φύλλο λεμονιάς
βλέπει μία πασχαλίτσα
που είχε μία
κι άλλη μία
κι άλλη μία
κι άλλη μία
κι άλλη μία
κουκκιδίτσα.

Πόσα είναι τα λεμόνια;

Και της λέει:
— Θέλεις να κάνουμε παρέα,
πασχαλίτσα μου ωραία;
Θέλεις να κάνουμε αγκαλίτσα,
όμορφή μου πασχαλίτσα;

μία, κι άλλη μία, κι άλλη μία, κι άλλη μία, κι άλλη μία κουκκιδίτσα

Και της λέει η πασχαλίτσα
που είχε μία
κι άλλη μία
κι άλλη μία
κι άλλη μία
κι άλλη μία κουκκιδίτσα:
— Εμείς οι πασχαλίτσες
με τις πέντε κουκκιδίτσες
δεν κάνουμε ποτέ παρέα
με μία πασχαλίτσα
που έχει μία μόνο,
μόνο μία κουκκιδίτσα.
Γι' αυτό σ' αφήνω τώρα,
πέρασε η ώρα,
γιορτάζει η Ερωφίλη,
η πιο καλή μου φίλη,
και πρέπει να της πάω δώρα!

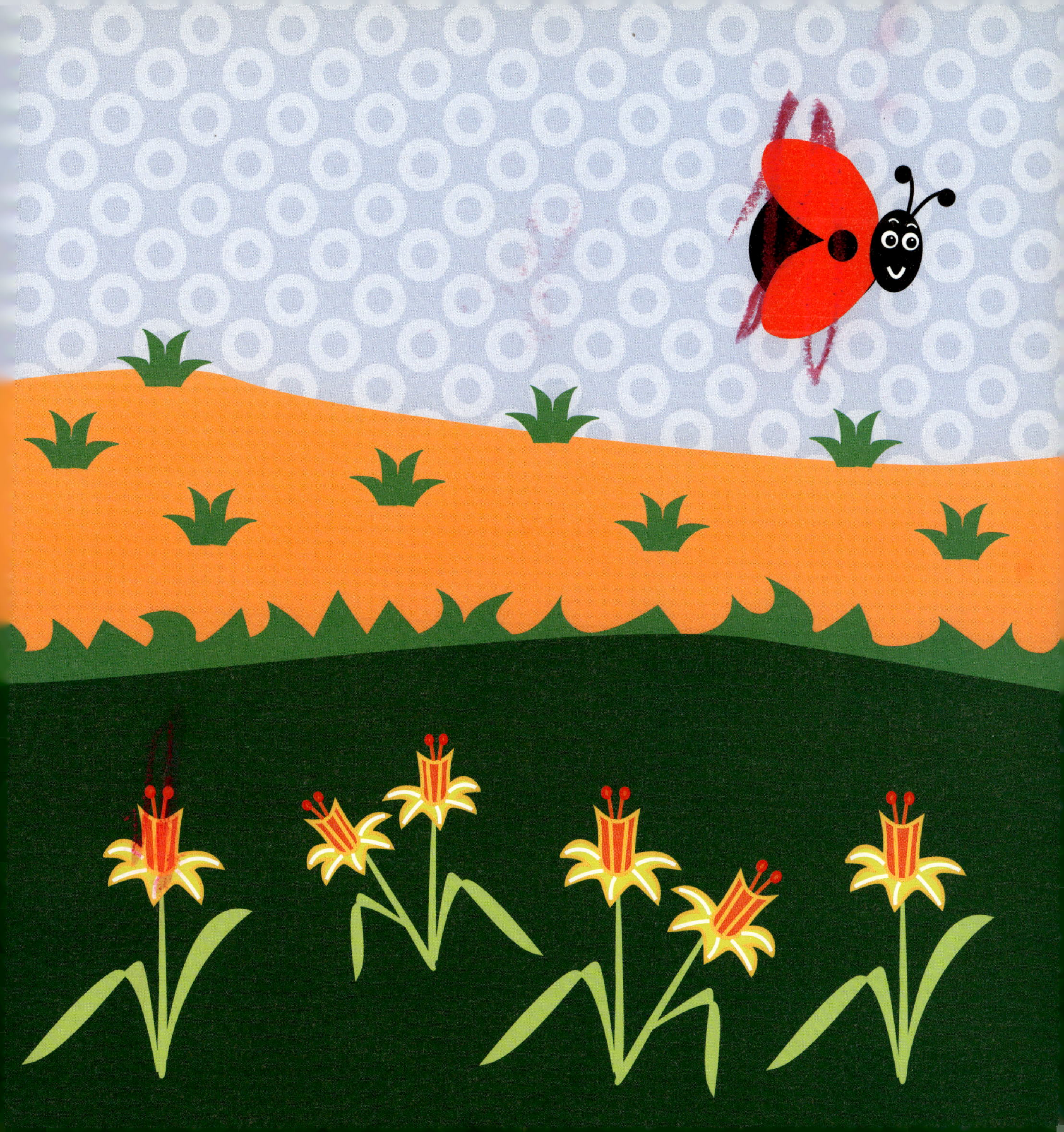

...και λίγο παρακάτω
βλέπει ένα κοριτσάκι, τη Λητώ,
που φόραγε ένα φόρεμα μεταξωτό·
και το κόκκινο φόρεμα αυτό
που φορούσε η Λητώ
είχε μία
κι άλλη μία
κι άλλη μία
κι άλλη μία
κι άλλη μία
κι άλλη μία
κι άλλη μία
κι άλλη μία
κι άλλη μία
κι άλλη μία
κι άλλη μία
κι άλλη μία
κι άλλη μία
κι άλλη μία
κουκκιδίτσα...
δηλαδή, για να μην τα πολυλογώ,
είχε κουκκιδίτσες εκατό.

Και στα μαλλιά της τα σγουρά,
η Λητώ, το κοριτσάκι,
φορούσε κόκκινο φιογκάκι.

Και της λέει η πασχαλίτσα:
— Αχ, πώς ταιριάζουμε ωραία!
Θέλεις να κάνουμε παρέα;

Και απαντάει η Λητώ:
—Θέλω πολύ, ευχαριστώ!

Κι από τότε κάνουνε παρέα
η Λητώ, το κοριτσάκι,
και η πασχαλίτσα
με τη μία κουκκιδίτσα,
αραγμένη στο φιογκάκι.

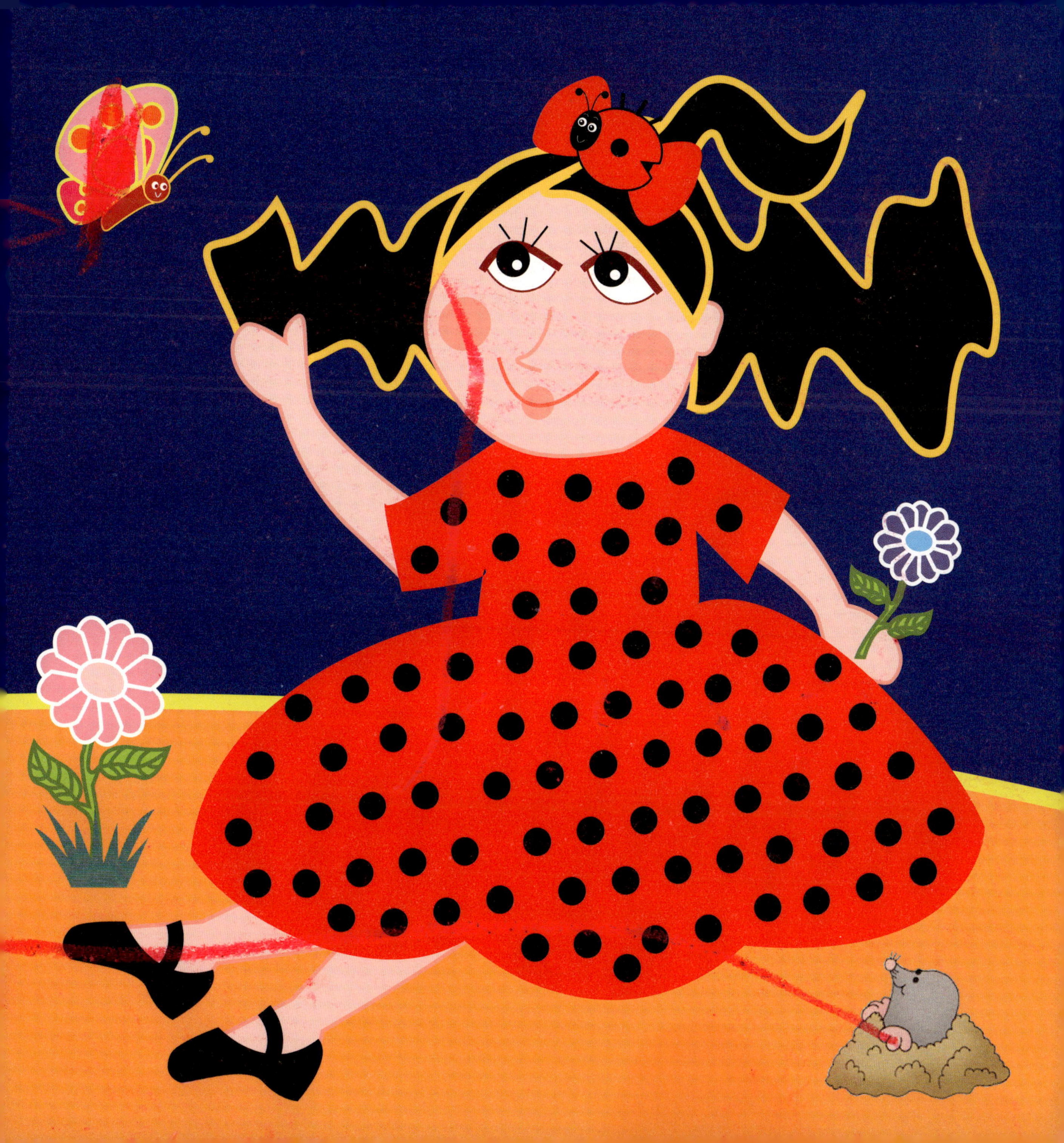

Ποτέ τους δε μαλώνουνε
και στον καθρέφτη
κάθε τόσο καμαρώνουνε:

— Καθρέφτη, καθρεφτάκι,
ποιες είναι οι πιο όμορφες φίλες
στον κόσμο αυτό;

Κι απαντάει ο καθρέφτης:
— Η πασχαλίτσα και η Λητώ!

Πόσα λουλούδια είμαστε;

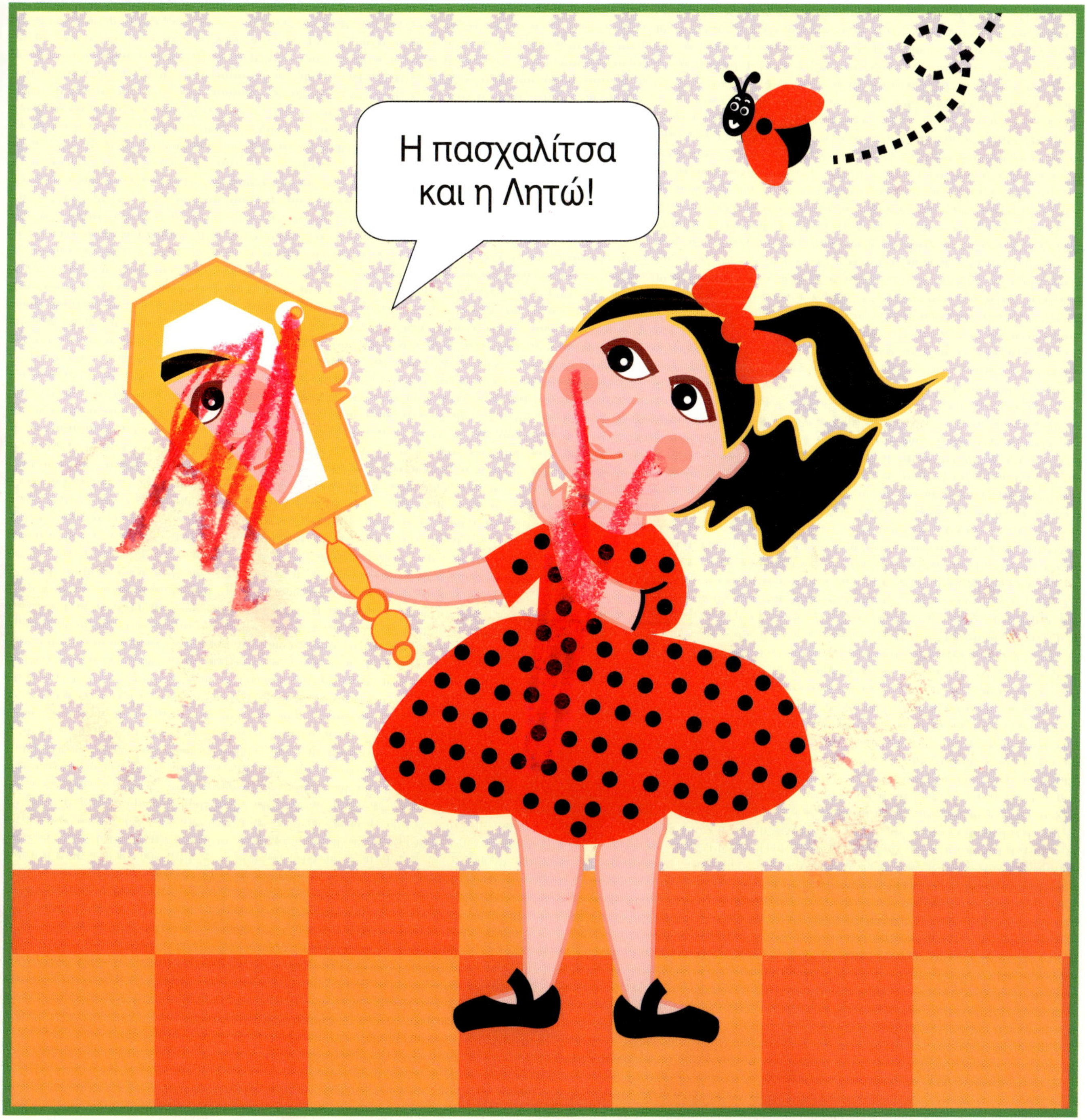
Η πασχαλίτσα
και η Λητώ!

Πλατσουρίζουν στα νερά
όταν πιάνει μπόρα

και το Πάσχα ανοίγουνε
μαζί τα δώρα!

Πάνε βόλτα στο γιαλό,
παίζουνε μαζί κρυφτό...

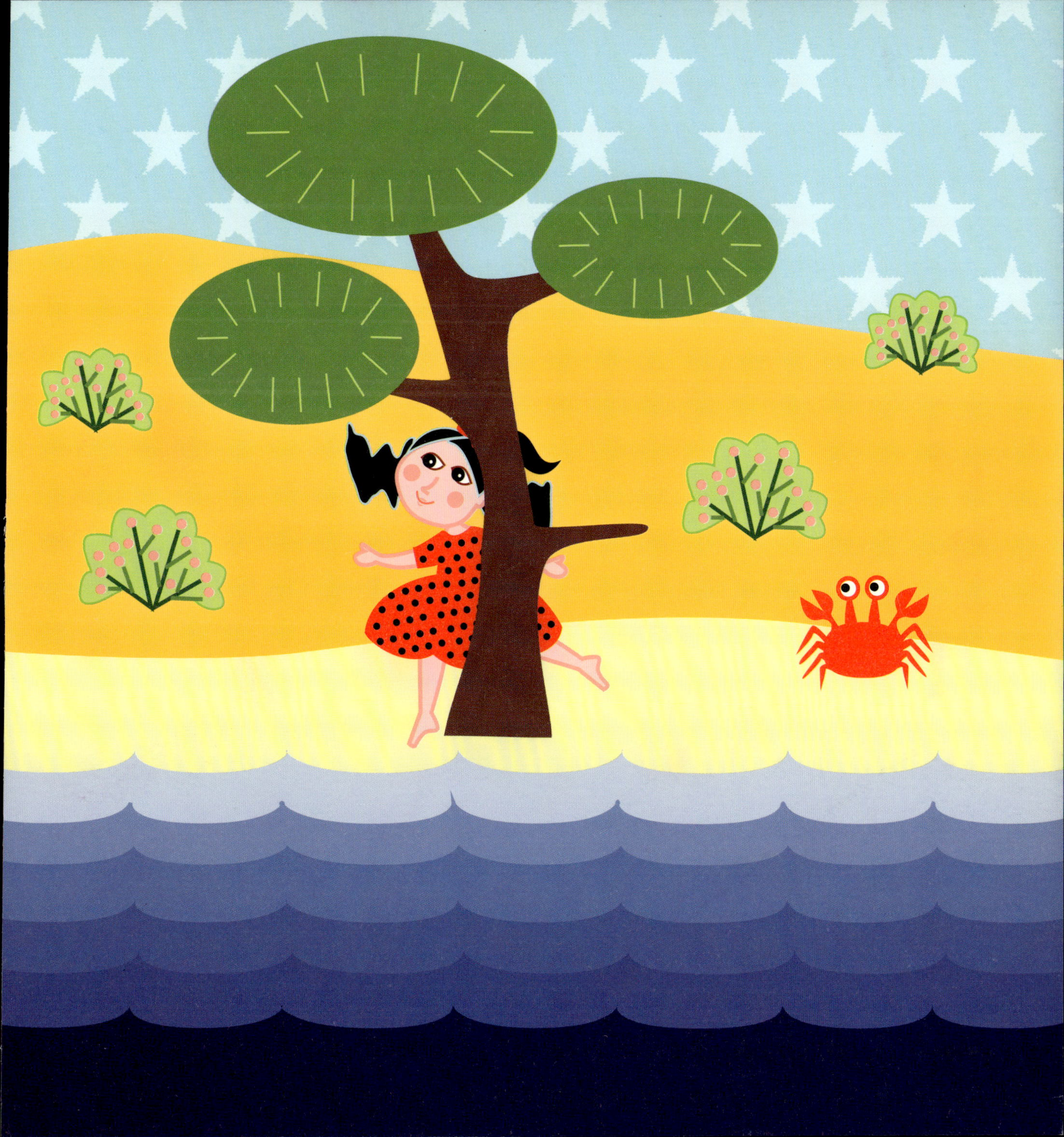

...κάνουν κάθε μέρα κούνια
και ζηλεύουν φοβερά
όλα τ' άλλα τα ζουζούνια!

Δεν είναι τώρα λυπημένη
ούτε μιά σταλίτσα!
Είναι τώρα τόσο,
μα τόσο ευτυχισμένη,
η μικρή η πασχαλίτσα
που έχει μία,
μόνο μία κουκκιδίτσα!

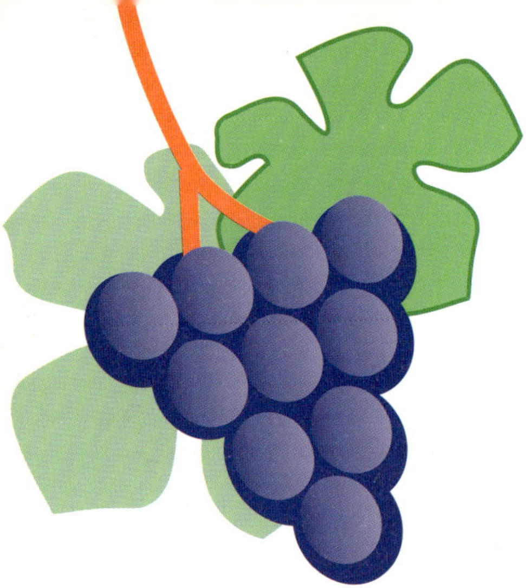
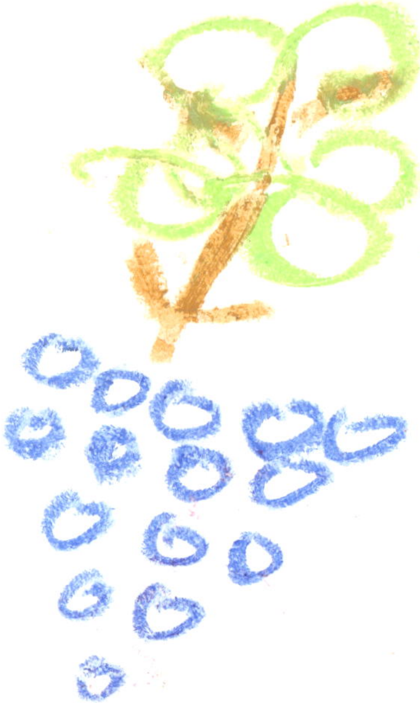
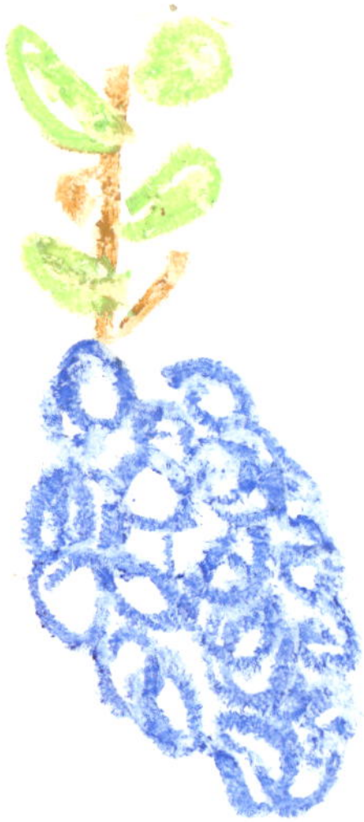
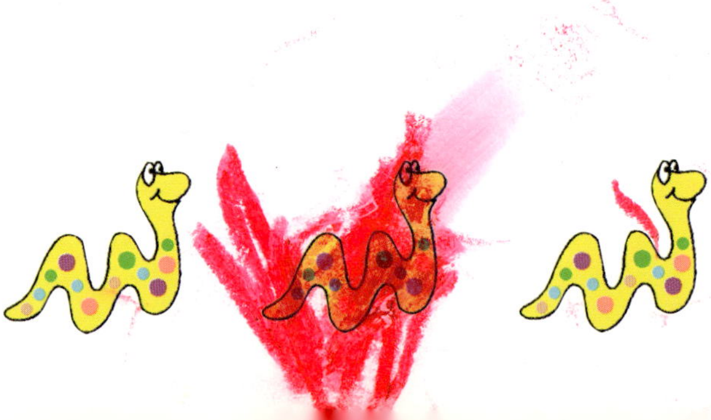

και τώρα, η σειρά σου!

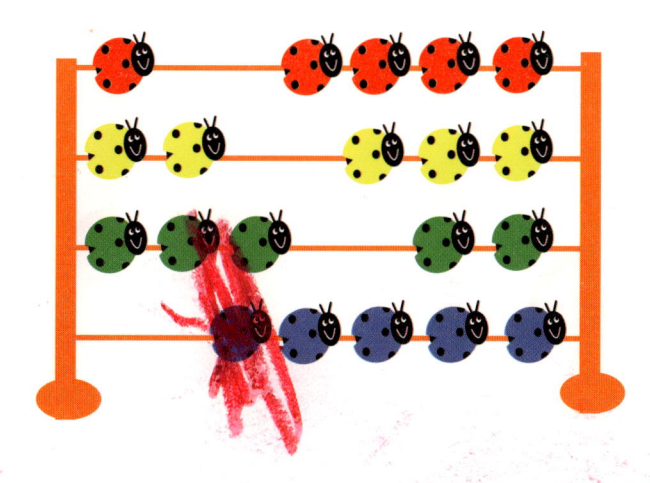

Πρόσθεσε!

Πρόσθεσε τα πέταλα που λείπουν για να έχει το κάθε λουλούδι πέντε πέταλα.

Χρωμάτισε!

Χρωμάτισε πράσινες τις πασχαλίτσες με τις δύο κουκκιδίτσες και μπλε τις πασχαλίτσες με τις τρεις κουκκιδίτσες.

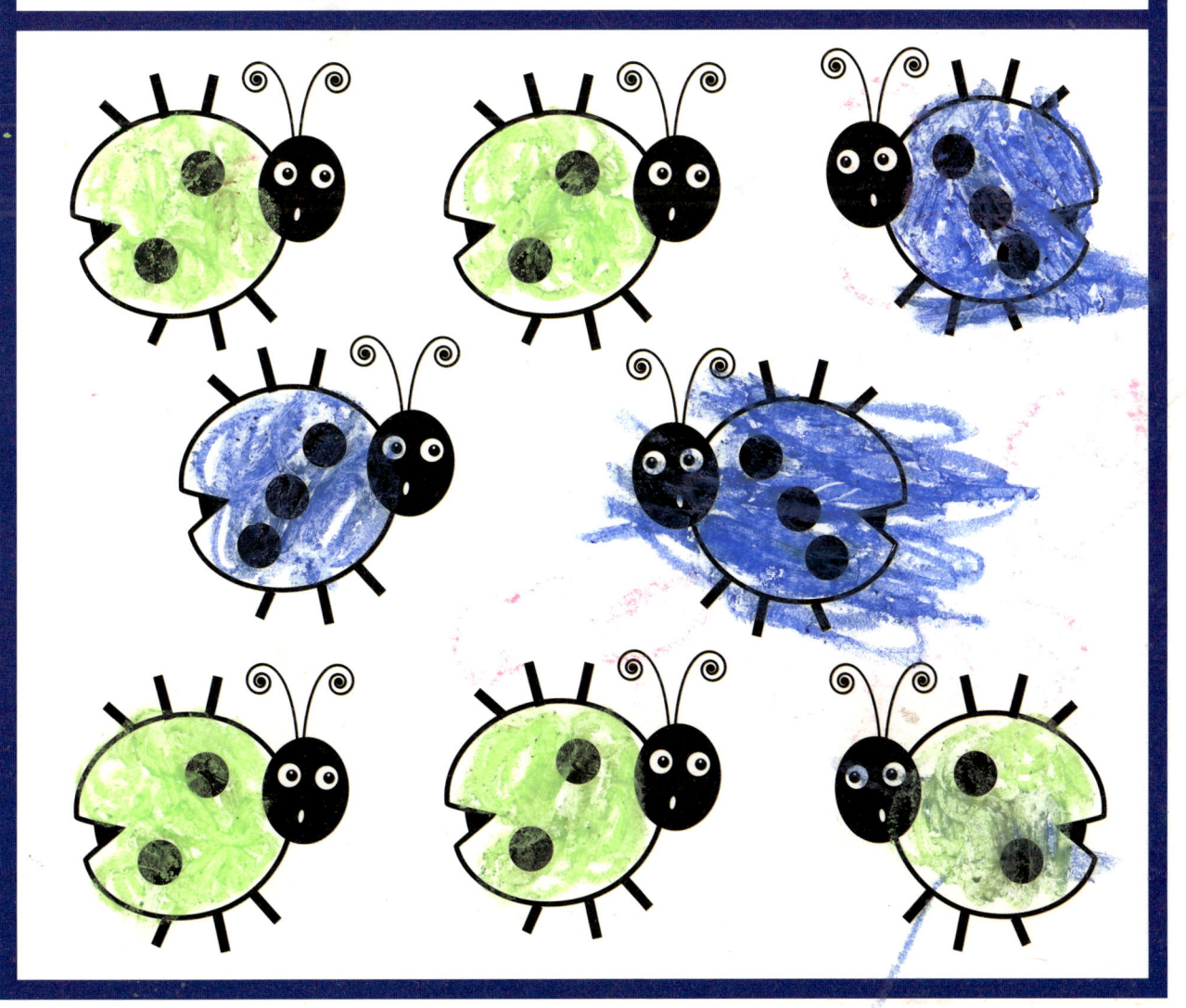

Μέτρησε!

Ποιες είναι πιο πολλές;
Οι κόκκινες ή οι μπλε πασχαλίτσες;

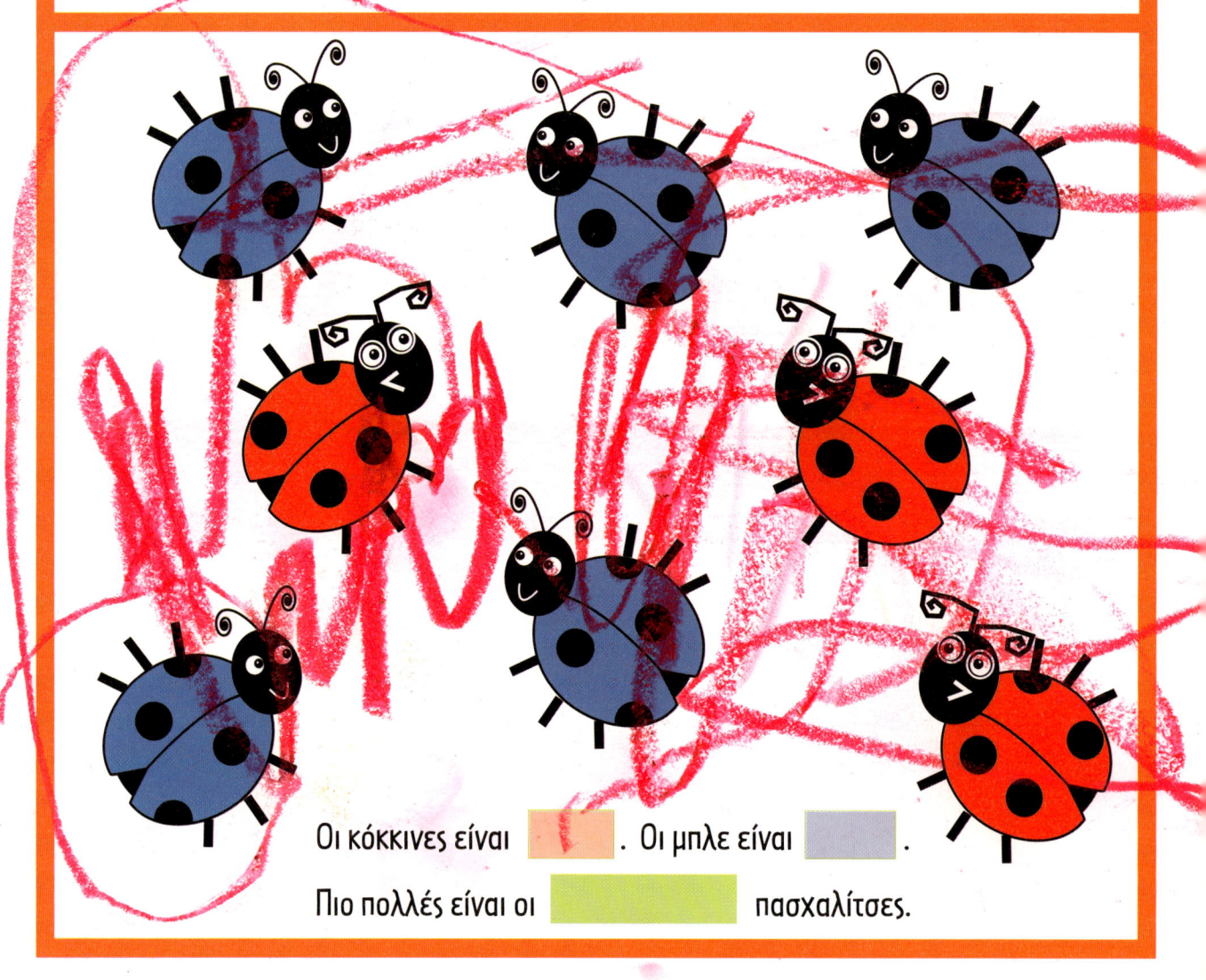

Οι κόκκινες είναι ⬜ . Οι μπλε είναι ⬜ .

Πιο πολλές είναι οι ⬜ πασχαλίτσες.

Ζωγράφισε!

Ζωγράφισε στις πασχαλίτσες τόσες κουκκιδίτσες όσες και ο αριθμός δίπλα τους.

2

3

5

4

Μέτρησε!

Μέτρησε πόσες κουκκιδίτσες έχει το κάθε φιογκάκι και γράψε το σωστό αριθμό στο κάθε κουτάκι.

Χρωμάτισε!

Χρωμάτισε **κόκκινες** τις πασχαλίτσες με τη μία κουκκιδίτσα και **πράσινες** τις πασχαλίτσες με τις δύο κουκκιδίτσες.

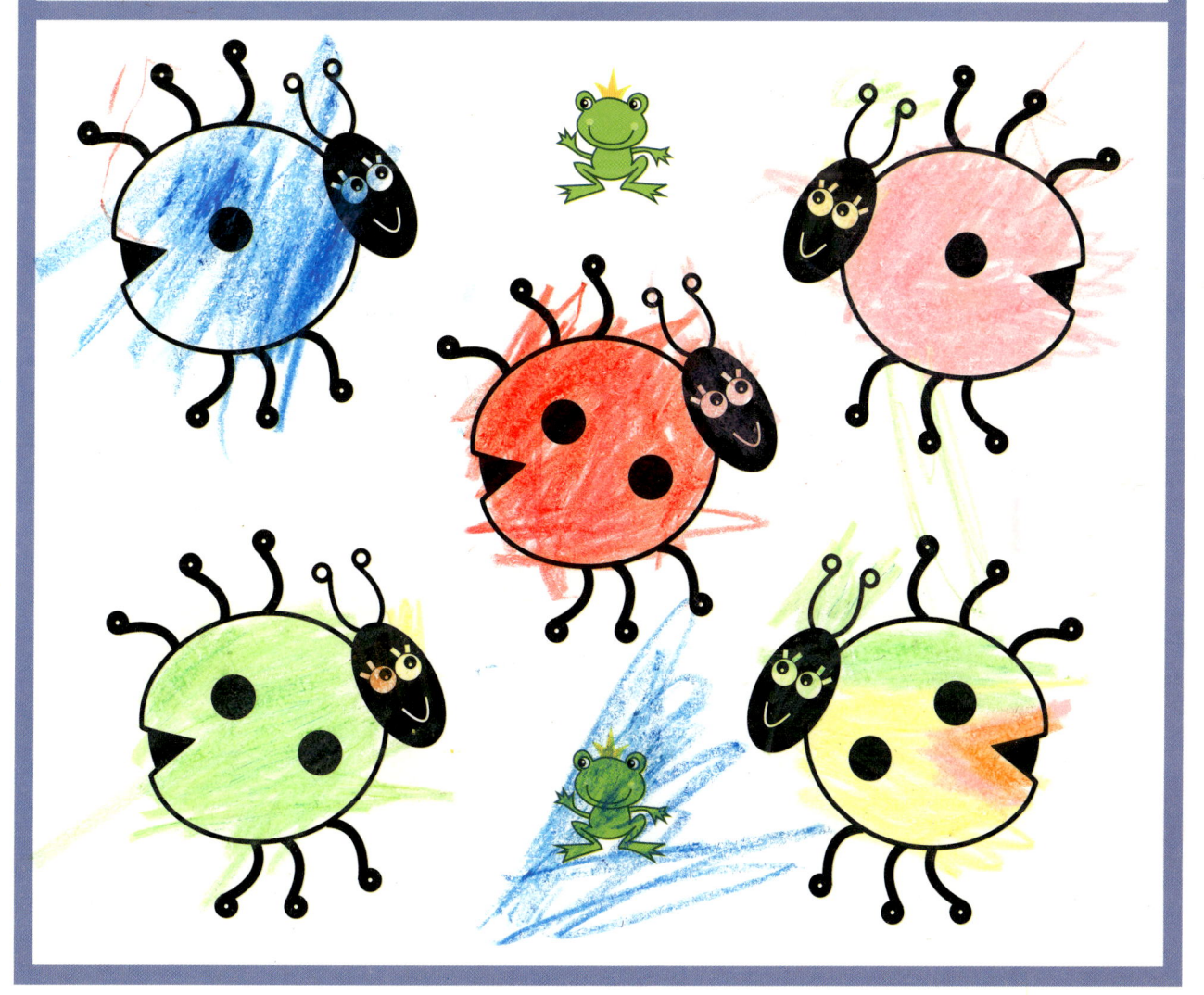

Μέτρησε!

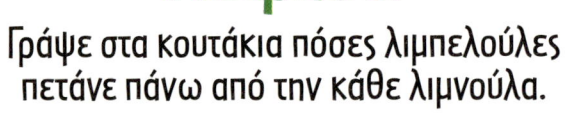

Γράψε στα κουτάκια πόσες λιμπελούλες πετάνε πάνω από την κάθε λιμνούλα.

Πετάνε ☐ λιμπελούλες.

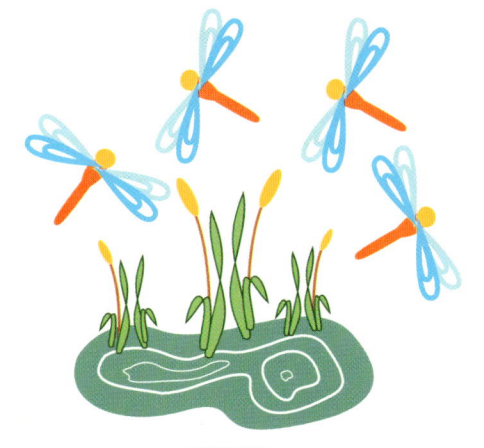

Πετάνε ☐ λιμπελούλες.

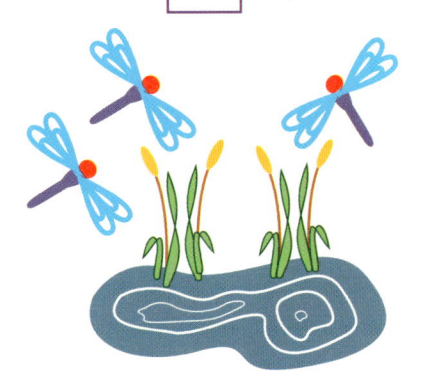

Πετάνε ☐ λιμπελούλες.

Πετάνε ☐ λιμπελούλες.

Χρωμάτισε!

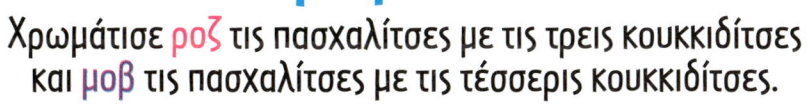

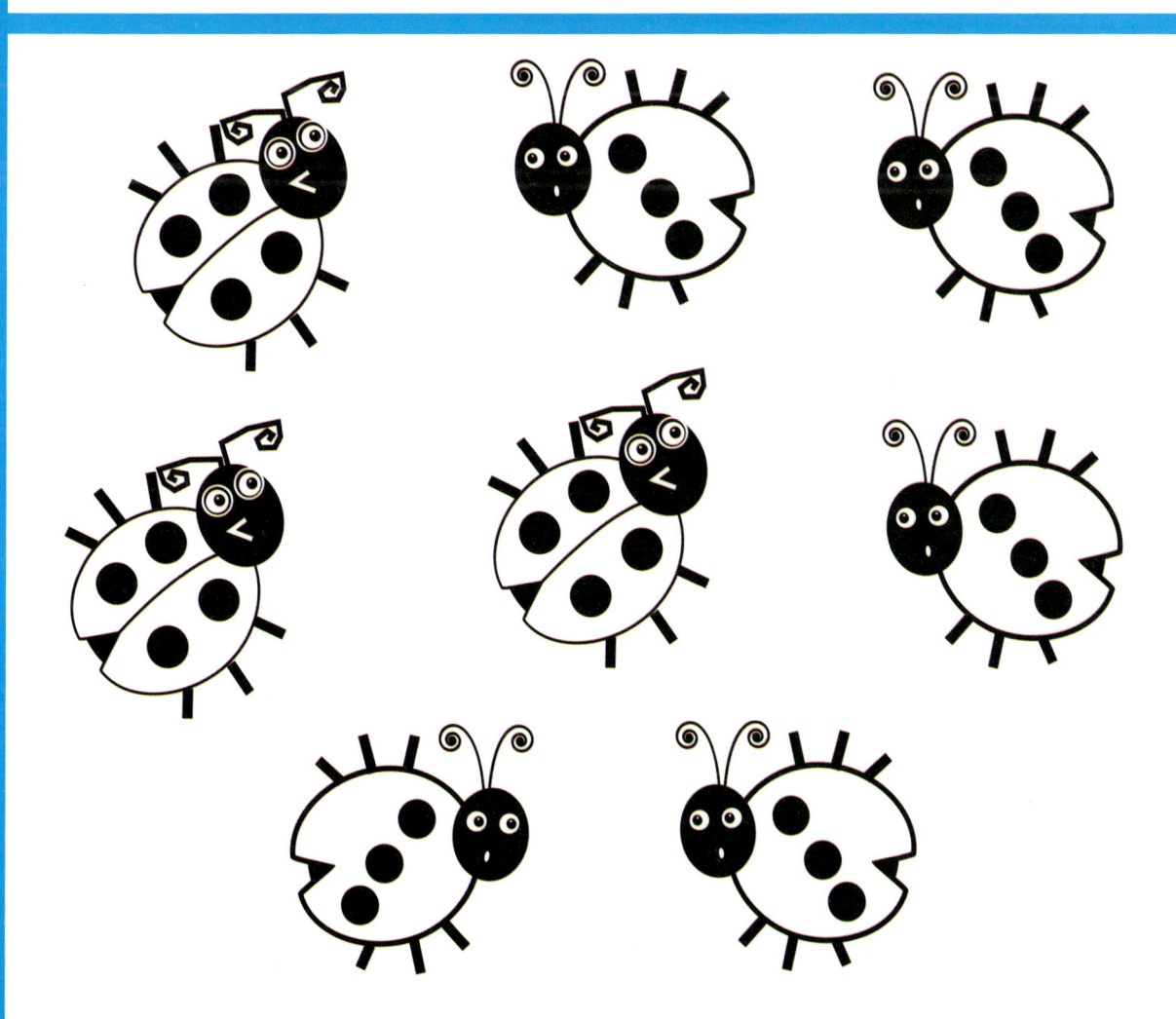

Χρωμάτισε ροζ τις πασχαλίτσες με τις τρεις κουκκιδίτσες και μοβ τις πασχαλίτσες με τις τέσσερις κουκκιδίτσες.

Ψάξε και βρες!

Μπορείς να βρεις δύο ολόιδιες πάπιες;

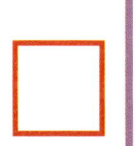

Πρόσθεσε!

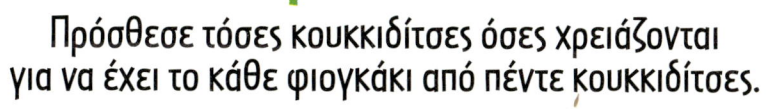

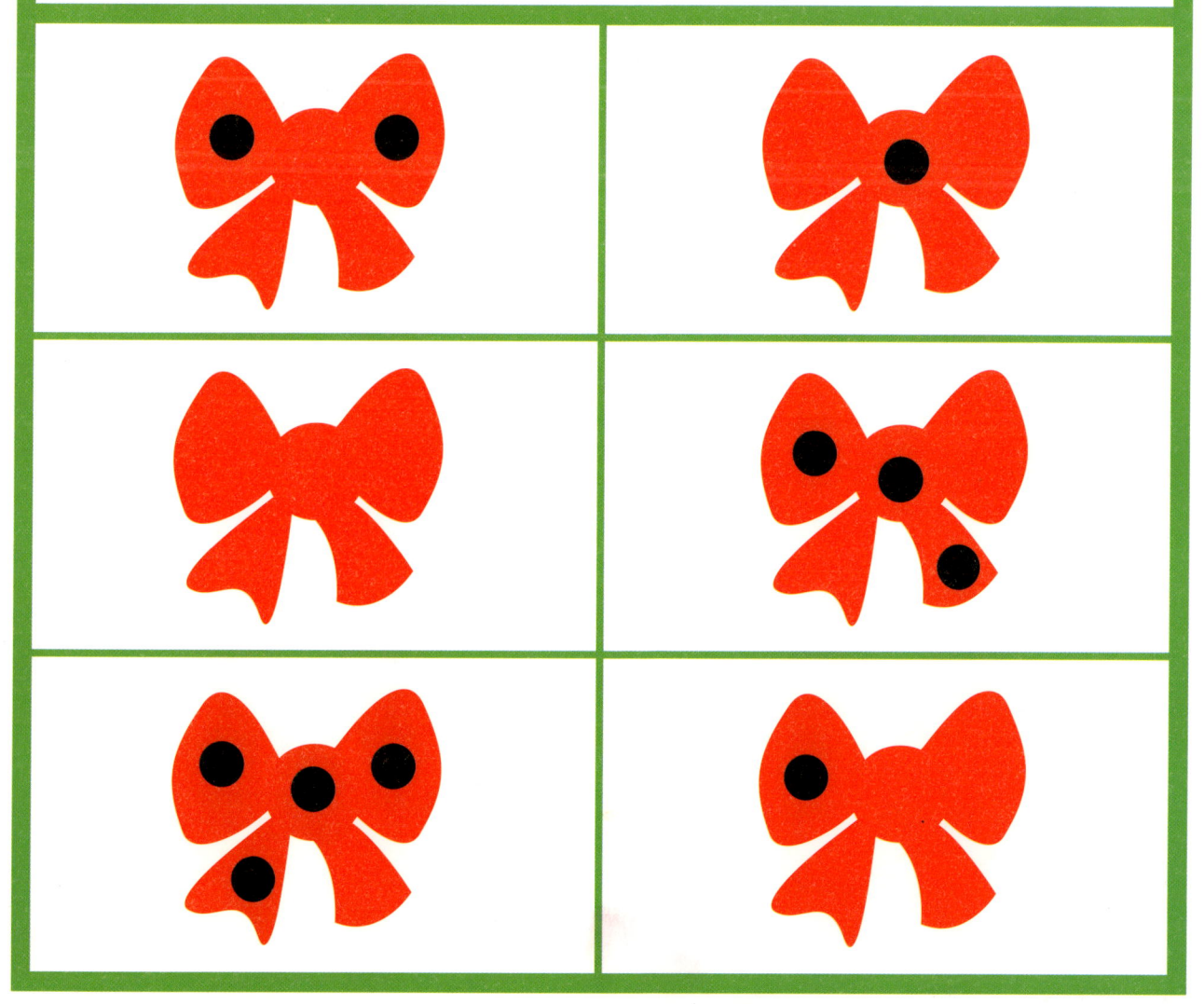

Πρόσθεσε τόσες κουκκιδίτσες όσες χρειάζονται για να έχει το κάθε φιογκάκι από πέντε κουκκιδίτσες.

Ψάξε και βρες!

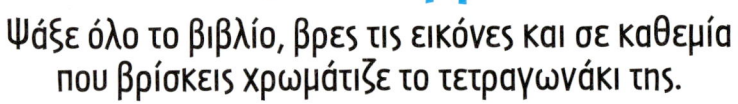

Ψάξε όλο το βιβλίο, βρες τις εικόνες και σε καθεμία που βρίσκεις χρωμάτιζε το τετραγωνάκι της.

Παρατήρησε!

Μπορείς να βρεις πέντε διαφορές ανάμεσα στις δύο εικόνες;

Μέτρησε!

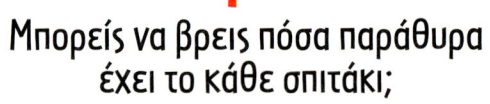

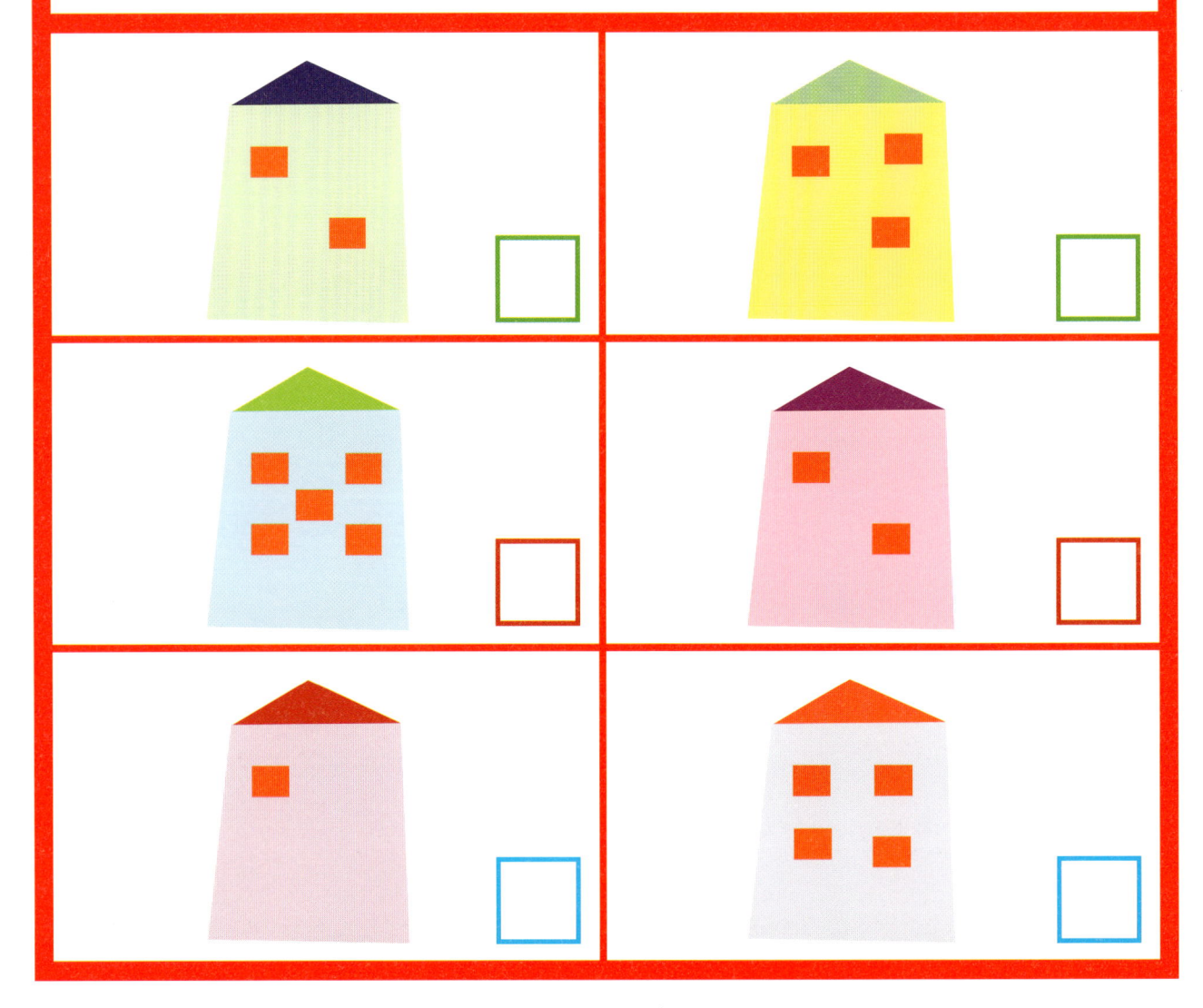

Μπορείς να βρεις πόσα παράθυρα έχει το κάθε σπιτάκι;

Δωράκια!

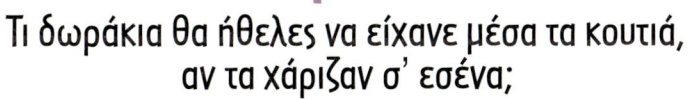

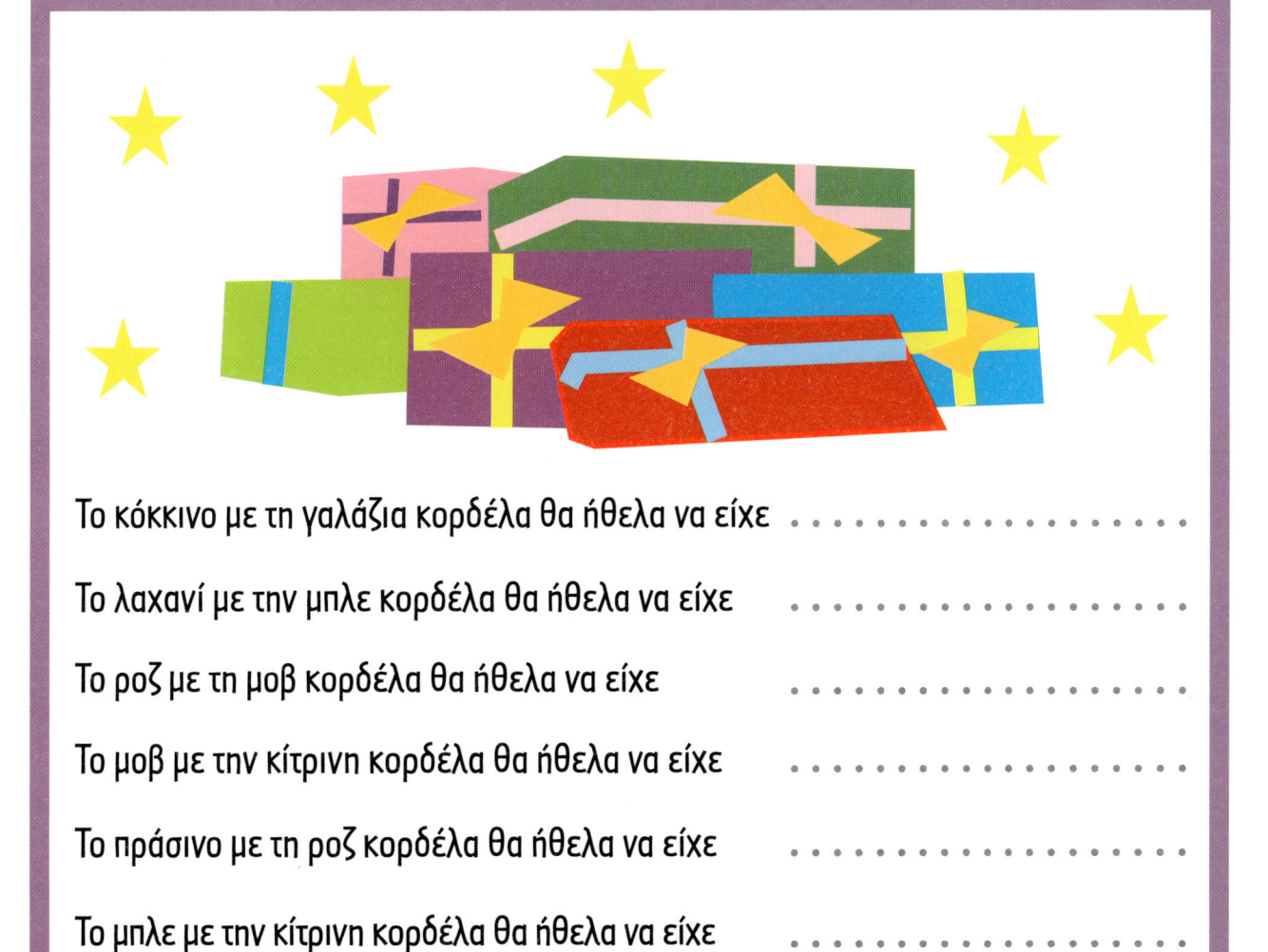

Τι δωράκια θα ήθελες να είχανε μέσα τα κουτιά, αν τα χάριζαν σ' εσένα;

Το κόκκινο με τη γαλάζια κορδέλα θα ήθελα να είχε . . . .

Το λαχανί με την μπλε κορδέλα θα ήθελα να είχε . . . .

Το ροζ με τη μοβ κορδέλα θα ήθελα να είχε . . . .

Το μοβ με την κίτρινη κορδέλα θα ήθελα να είχε . . . .

Το πράσινο με τη ροζ κορδέλα θα ήθελα να είχε . . . .

Το μπλε με την κίτρινη κορδέλα θα ήθελα να είχε . . . .

Χρωμάτισε!

Χρωμάτισε μπλε τις πασχαλίτσες με τις τέσσερις κουκκιδίτσες και ροζ τις πασχαλίτσες με τις πέντε κουκκιδίτσες.

Φτιάξε!

Φτιάξε ένα πασχαλινό αυγό-πασχαλίτσα!

Θα χρειαστείς: ένα βραστό αυγό • ένα ψαλίδι

Οδηγίες

Κόψε προσεκτικά τη σελίδα.

Αυγουλάκι: Βάψε το αυγουλάκι μαύρο. • Ζωγράφισέ του δύο άσπρες βούλες για ματάκια και μόλις στεγνώσουν, ζωγράφισε στη μέση τους δύο μαύρες κουκκιδίτσες. Φτερά: Κόψε τα δύο φτερά της πασχαλίτσας και κόλλησέ τα στο αυγουλάκι. Λουλουδένια βάση: Τσάκισε τα φύλλα του λουλουδιού Β προς τα μέσα. • Κόλλησε το γαλάζιο εξάγωνο Β πάνω στο μοβ κύκλο Α. • Τοποθέτησε το αυγουλάκι-πασχαλίτσα στη βάση του και καμάρωσέ το!

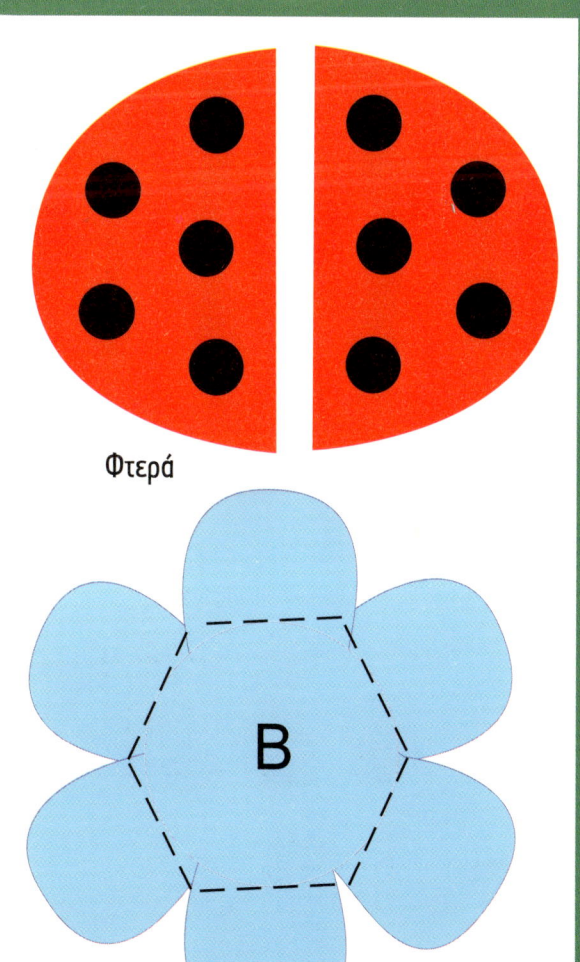

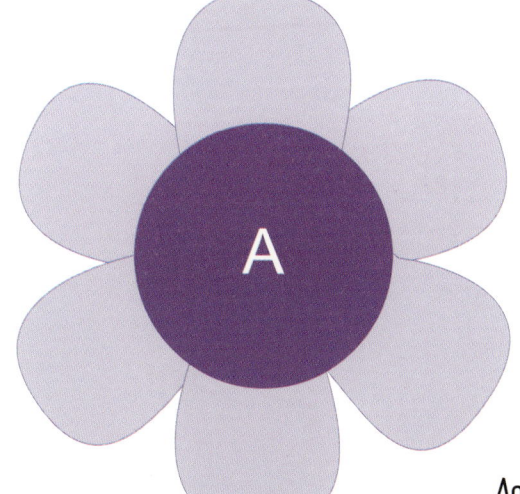

Φτερά

A

B

Λουλουδένια βάση

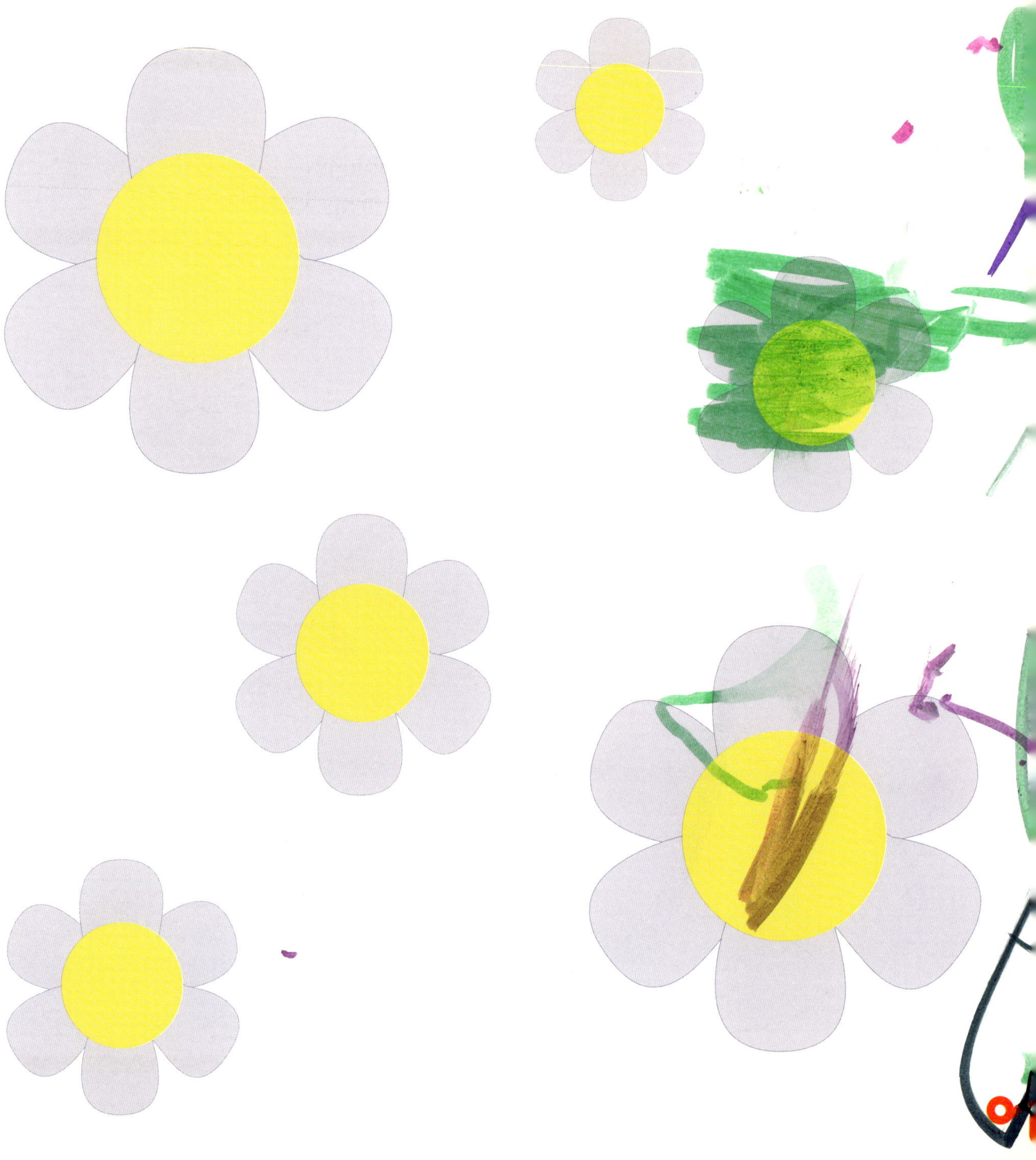

Ζωγράφισε!

Ζωγράφισε μέσα στους αριθμούς τόσες πασχαλίτσες όσες είναι οι αριθμοί.

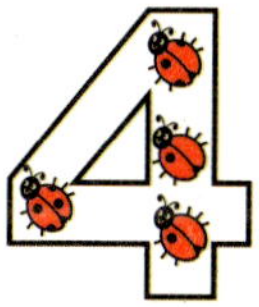

Μπορείς να το πεις;

Μπορείς να πεις γρήγορα γρήγορα αυτόν το γλωσσοδέτη;

Ένα πασχαλιτσο-πασχαλινό αυγό,

μα ποιο πασχαλιτσο-πασχαλινό αυγό,

ένα πασχαλιτσο-πασχαλινό αυγό,

χαλαρο-μελατο-σφιχτό!

Εφτά ζουζούνια και ένα λουλούδι

Κόψε με το ψαλίδι σου τις οχτώ κάρτες και παίξε το παιχνίδι με έναν αγαπημένο σου φίλο • Ανακάτεψε και μοίρασε τις κάρτες στα δύο χωρίς να φαίνεται η μπροστινή τους πλευρά • Ο κάθε παίκτης ρίχνει με τη σειρά του μία κάρτα • Όταν πέσει το λουλούδι, όποιος παίκτης προλάβει να το σκεπάσει πρώτος με το χέρι του και να φωνάξει «Ροζουζούν» (*) παίρνει όσες κάρτες υπάρχουν από κάτω • Ανακατεύουμε πάλι και το παιχνίδι συνεχίζεται ώσπου ένας από τους δύο παίκτες να πάρει όλες τις κάρτες!

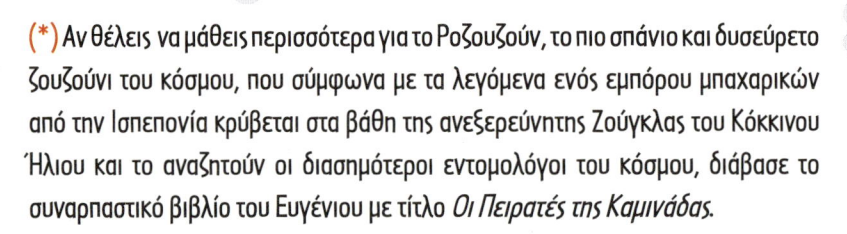

(*) Αν θέλεις να μάθεις περισσότερα για το Ροζουζούν, το πιο σπάνιο και δυσεύρετο ζουζούνι του κόσμου, που σύμφωνα με τα λεγόμενα ενός εμπόρου μπαχαρικών από την Ισπεπονία κρύβεται στα βάθη της ανεξερεύνητης Ζούγκλας του Κόκκινου Ήλιου και το αναζητούν οι διασημότεροι εντομολόγοι του κόσμου, διάβασε το συναρπαστικό βιβλίο του Ευγένιου με τίτλο *Οι Πειρατές της Καμινάδας*.

Σκέψου και γράψε μιά δική σου ιστορία!

Η πασχαλίτσα που αγάπησε μιά φέτα καρπουζιού

ΤΕΛΟΣ

ΤΟ ΝΗΣΙ ΤΩΝ ΠΥΡΟΤΕΧΝΗΜΑΤΩΝ

Το Νησί των Πυροτεχνημάτων, στον Ωκεανό των Παφλασμών, όπου ζει ο Ευγένιος με τους φίλους του.

Ο Πουκιπόν, ο μικρός άσπρος ελέφαντας του Ευγένιου, μαθαίνει να ζωγραφίζει.

Η Σύνθια, ο πολύξερος παπαγάλος του Ευγένιου, που παραμιλάει στον ύπνο της παραμύθια.

Ο Οράτιος Αοράτιος, το αόρατο πράσινο καγκουρό του Ευγένιου, πηγαίνει χαρούμενο στο καγκουροσχολείο του.

Ο κάπτεν Βαρθολομαίος Μπόρφιν, ο θαλασσοδαρμένος φαλαινοσώστης και φίλος του Ευγένιου.

Ένας από τους πειρατές που ζουν στις θαλασσινές σπηλιές του Νησιού των Πυροτεχνημάτων.

Ο Αλέξης Πτωτιστής, ο φίλος του Ευγένιου, τη στιγμή που πέφτει με το αλεξίπτωτό του.

Η Αγατούλα του Ευγένιου παίζει με το πρωινό της, προτού πάει να γρατσουνίσει μπαλόνια.

Ο Φρουμέντιος, το γαϊδουράκι του Ευγένιου, που ζει στο δάσος με τις σαπουνόφουσκες.

Ένας από τους εβδομήντα δύο δράκους που έχει σώσει από πρίγκιπες ο Ευγένιος.

ΧΡΗΣΙΜΕΣ ΠΛΗΡΟΦΟΡΙΕΣ ΓΙΑ ΤΟΝ ΕΥΓΕΝΙΟ

Στη φωτογραφία βλέπετε τον Ευγένιο με τη μάγισσα Φουφήχτρα, που μια άλλη μάγισσα τη μεταμόρφωσε σε κούκλα.

Ο Ευγένιος Τριβιζάς είναι εξερευνητής, εφευρέτης και ζογκλέρ μελάτων αυγών. Έχει ανακαλύψει το Νησί των Πυροτεχνημάτων, τη Φρουτοπία, το Πιπερού, το Κουτσουλιστάν, την Κουμασιλάνδη, τη Χώρα των Χαμένων Χαρταετών και την Πολιτεία με Όλα τα Χρώματα εκτός από το Ροζ.

Οι γνωστότερες εφευρέσεις του Ευγενίου είναι: ο γαργαλιός (ένα μηχάνημα που σε γαργαλάει όταν είσαι λυπημένος), το ηλεκτρικό ρουφοσκόπιο (ένας συνδυασμός τηλεσκόπιου και ηλεκτρικής σκούπας, με το οποίο όχι μόνο βλέπει κανείς τα αστέρια, αλλά άμα θέλει τα ρουφάει και τα κάνει γιρλάντες), ο φαγώσιμος χαρτοπόλεμος, η μπανιέρα με τις δώδεκα τρύπες, ο ιπτάμενος ανεμόμυλος, η τσουλήθρα με τα σκαλοπάτια, η μελωδική ομπρέλα, το παπιγιόν για νάνους και ο αναδρομικός καθρέφτης (που σε δείχνει όπως ήσουνα πριν από δέκα χρόνια).

Ο Ευγένιος ζει στο Νησί των Πυροτεχνημάτων με τον παπαγάλο του, τη Σύνθια, τον άσπρο του ελέφαντα, τον Πουκιπόν, τη Λιλή, την παρδαλή λεοπάρδαλη, τον Οράτιο Αοράτιο, το αόρατο πράσινο καγκουρό, και άλλους πολλούς γνωστούς και φίλους.

Ο Ευγένιος έχει μία μοναδική συλλογή από κομμάτια παλιών παραμυθιών. Η σπάνια συλλογή του περιλαμβάνει: ένα πούπουλο από το μαξιλάρι που κοιμόταν η πεντάμορφη πριγκιποπούλα, το κορδόνι από το δεξί παπούτσι του παπουτσωμένου γάτου, ένα τούβλο απ' το σπίτι που είχαν χτίσει τα τρία γουρουνάκια, τα γυαλιά της γιαγιάς της Κοκκινοσκουφίτσας και το φιτίλι από το λυχνάρι του Αλαντίν.

Άλλα βιβλία που έγραψε

ΜΥΘΙΣΤΟΡΗΜΑΤΑ
- Ο Χιονάνθρωπος και το Κορίτσι
- Το Σεντούκι με τις Πέντε Κλειδαριές
- Οι Πειρατές της Καμινάδας
- Η Ζωγραφιά της Χριστίνας
- Τα Μαγικά Μαξιλάρια
- Ο Πήγασος και το Γαϊδουράκι
- Η Τελευταία Μαύρη Γάτα
- Η Δέσποινα και το Περιστέρι
- Η Δέσποινα και το Περιστέρι
- Ελάτε να Παίξουμε με τη Δέσποινα και το Περιστέρι

ΔΙΗΓΗΜΑΤΑ
- Ο Ταξιδιώτης και η Μαργαρίτα
- Ο Ερωτευμένος Πυροσβέστης

GRAPHIC NOVELS
- Οι Δραπέτες της Σκακιέρας
- Η Κομψή Καμήλα

ΘΕΑΤΡΟ
- Το Όνειρο του Σκιάχτρου

ΠΑΡΑΜΥΘΙΑ
- Το Στοχολούλουδο
- Τα Τρία Μικρά Λυκάκια
- Τα Τρία Μικρά Λυκάκια (ποπ απ έκδοση)
- Το Λυπημένο Αρκουδάκι
- Όπου φύγει φύγει
- Η Πασχαλίτσα με τη Μία Κουκκιδίτσα

ΧΡΙΣΤΟΥΓΕΝΝΙΑΤΙΚΑ / ΠΡΩΤΟΧΡΟΝΙΑΤΙΚΑ / ΑΠΟΚΡΙΑΤΙΚΑ ΠΑΡΑΜΥΘΙΑ
- Οι Πειρατές της Καμινάδας
- Φρικαντέλα, η Μάγισσα που Μισούσε τα Κάλαντα
- Το Ποντικάκι που Ήθελε να Αγγίξει ένα Αστεράκι
- Ο Αϊ-Βασίλης στη Φυλακή με τους 83 Μικρούς Αρουραίους
- Ένα Δέντρο, μια Φορά
- Ένα Ελατάκι για τον Τάκη
- Τα Χριστούγεννα της Λούλας Στρουμπουλούλας

ΙΣΤΟΡΙΕΣ ΑΠΟ ΤΟ ΝΗΣΙ ΤΩΝ ΠΥΡΟΤΕΧΝΗΜΑΤΩΝ
ΣΕΙΡΑ ΠΑΡΑΜΥΘΙΩΝ
- Ο Κροκόδειλος που Πήγε στον Οδοντογιατρό
- Το Απίθανο Τσίρκο του Μανόλη
- Η Χώρα χωρίς Γάτες
- Ο Λαίμαργος Τουνελόδρακος
- Ο Ναυαγός Κοκκινοτρίχης
- Ο Ταύρος που Έπαιζε Πίπιζα
- Ο Φωτογράφος Φύρδης Μίγδης
- Το Παπάκι που δεν του Αρέσανε τα Ποδαράκια του
- Ο Ήλιος της Λίζας
- Η Μυρτώ και το Κουνουπάκι
- Ο Συναχωμένος Κόκορας

ΙΣΤΟΡΙΕΣ ΜΕ ΠΡΟΒΟΣΚΙΔΑ
ΣΕΙΡΑ ΠΑΡΑΜΥΘΙΩΝ
- Ο Λούκουλος Τρώει Παπαρούνες
- Ο Λούκουλος Τρώει Μπαλόνια
- Ο Λούκουλος Τρώει Πυγολαμπίδες
- Ο Λούκουλος Τρώει Βότσαλα

Η ΧΑΡΑ ΚΑΙ ΤΟ ΓΚΟΥΝΤΟΥΝ
ΣΕΙΡΑ ΠΑΡΑΜΥΘΙΩΝ
- Το Μυστικό της Μαξιλαροθήκης
- Οι Τρεις Αποκριάτικες Κορδέλες
- Η Μεγάλη Φαγούρα
- Το Ανώνυμο Γράμμα
- Το Βουνό της Τύχης
- Το Πάρτι των Καγκουρό
- Ο Υπέροχος Σκουπιδοντενεκές
- Οι Δώδεκα Ομπρέλες
- Το Γκουντούν Πάει Σχολείο
- Ο Γκουντουνοφάγος Παθαίνει Αμνησία
- Το Κόκκινο Βότσαλο
- Η Μάγισσα με τα Πόμολα

ΤΑ ΜΑΚΡΟΥΛΑ ΜΙΚΡΟΥΛΙΚΑ
ΣΕΙΡΑ ΕΜΜΕΤΡΩΝ ΠΑΡΑΜΥΘΙΩΝ
- Το Παραπονεμένο Ελεφαντάκι
- Ο Φαλακρός Σκαντζόχοιρος
- Τα Χρωματιστά Κοράκια
- Η Λαίμαργη Φάλαινα
- Ο Θαλασσογιατρός
- Η Πινεζοβροχή
- Ούτε Γάτα ούτε Ζημιά

ΠΑΡΑΜΥΘΙΑ ΝΤΟΡΕΜΥΘΙΑ
ΣΕΙΡΑ ΕΜΜΕΤΡΩΝ ΠΑΡΑΜΥΘΙΩΝ
- Ποιος Έκανε Πιπί στο Μισισιπή;
- Όταν Είναι να Φύγει το Τρένο
- Ποτέ μη Γαργαλάς ένα Γορίλα
- Ένα Φτυάρι στον Άρη
- Η Νύχτα της Μπανανόφλουδας
- Η Πουπού και η Καρλότα
- Ο Αναστάσης και η Ουρά της Στάσης
- Οι Σαράντα Εφιάλτες
- Οι Γιαγιάδες με τα Γιο-Γιο
- Ένα Κουτάβι Νιώθει Μοναξιά
- Το Γαϊδουράκι που Γκάριζε
- Το Φαγκρί και το Σκουμπρί

Ο Ευγένιος για σας!

- Πανικός στη Χώρα της Γεωμετρίας
- Η Καιτούλα η Κοκέτα η Κοτούλα
- Ο Κύριος Ζαχαρίας και η Κυρία Γλυκερία
- Το Νανούρισμα του Μικρού Φακίρη
- Ο Ιπτάμενος Δίσκος
- Ένα Κεράκι για το Ρινοκεράκι
- Αν σου Πέσει ένα Βουβάλι στο Κεφάλι

Η ΧΑΜΟΓΕΛΑΣΤΗ ΣΕΙΡΑ
ΣΕΙΡΑ ΕΜΜΕΤΡΩΝ ΠΑΡΑΜΥΘΙΩΝ (ΜΙ)
- Ο Μικρός Ερμής

ΠΑΡΑΜΥΘΙΑ ΑΠΟ ΤΗ ΧΩΡΑ ΤΩΝ ΧΑΜΕΝΩΝ ΧΑΡΤΑΕΤΩΝ
ΣΕΙΡΑ ΠΑΡΑΜΥΘΙΩΝ (ΚΛ)
- Ο Ιγνάτιος και η Γάτα
- Η Δόνα Τερηδόνα και το Μυστικό της Γαμήλιας Τούρτας
- Το Τηγάνι του Δήμιου
- Οι Χελώνες του Βαρώνου

ΜΠΑΜ, ΜΠΟΥΜ, ΤΑΡΑΤΑΤΖΟΥΜ!
ΣΕΙΡΑ ΑΝΤΙΠΟΛΕΜΙΚΩΝ ΠΑΡΑΜΥΘΙΩΝ (ΜΙ)
- Η Φάλαινα που Τρώει τον Πόλεμο
- Ο Πόλεμος των Ούφρων και των Τζούφρων
- Ο Πόλεμος της Ωμεγαβήτας
- Ο Πόλεμος της Χαμένης Παντόφλας

ΤΑ ΠΑΡΑΠΟΛΥΜΥΘΙΑ
ΣΕΙΡΑ ΠΑΡΑΜΥΘΙΩΝ ΜΕ ΤΗ ΣΥΜΜΕΤΟΧΗ ΤΟΥ ΑΝΑΓΝΩΣΤΗ (ΚΛ)
- Τα 88 Ντολμαδάκια
- Τα 33 Ροζ Ρουμπίνια

ΟΙ ΜΥΣΤΙΚΕΣ ΠΕΡΙΠΕΤΕΙΕΣ ΤΗΣ ΔΑΝΑΗΣ
ΣΕΙΡΑ ΠΑΡΑΜΥΘΙΩΝ ΜΕ ΤΗ ΣΥΜΜΕΤΟΧΗ ΤΟΥ ΑΝΑΓΝΩΣΤΗ (ΜΙ)
- Η Κινέζα Κούκλα

ΦΡΟΥΤΟΠΙΑ – ΤΟ ΠΡΩΤΟ ΤΑΞΙΔΙ
ΣΕΙΡΑ ΚΟΜΙΚΣ ΜΕ ΤΟΝ ΠΙΚΟ ΑΠΙΚΟ (ΜΤ)
- Ο Χαμένος Μανάβης
- Οι Τρεις Συνωμότες
- Το Τρομερό Φρουκτήνος
- Τα Σκληρά Καρύδια
- Το Μυστικό Μονοπάτι

ΦΡΟΥΤΟΠΙΑ – ΤΟ ΔΕΥΤΕΡΟ ΤΑΞΙΔΙ
ΣΕΙΡΑ ΚΟΜΙΚΣ ΜΕ ΤΟΝ ΠΙΚΟ ΑΠΙΚΟ (ΜΤ)
- Η Ιπτάμενη Σκάφη
- Ο Συναχωμένος Τενόρος
- Ο Ζόρικος Δεσμοφύλακας
- Ο Μανάβης και η Σοπράνο
- Η Επιδρομή των Καραβίδων
- Η Απαγωγή της Μαρουλίτας
- Το Κλεμμένο Ξυπνητήρι
- Η Τελική Αναμέτρηση

ΦΡΟΥΤΟΠΙΑ – ΤΟ ΤΡΙΤΟ ΤΑΞΙΔΙ
ΣΕΙΡΑ ΚΟΜΙΚΣ ΜΕ ΤΟΝ ΠΙΚΟ ΑΠΙΚΟ (ΜΤ)
- Τα Σπάνια Καρεκλοπόδαρα
- Το Πικραμύγδαλο και η Γλυκοπατάτα
- Ο Παππούς του Κουρέα
- Ένα Βαρέλι χωρίς Βαρίδια
- Η Ιπτάμενη Σβούρα

- Ο Θανάσιμος Κίνδυνος
- Ο οφθαλμαπατεώνας
- Τα Κολοκύθια με τα Τούμπανα
- Το Μουστάκι του Θάνου
- Ο Κυνηγός Ταλέντων
- Η Σκιά του Προδότη
- Η Δαχτυλήθρα με το Δηλητήριο
- Η Σκόνη του Φτερνίσματος
- Οι Δύο Μασκοφόροι
- Το Σάντουιτς του Τρόμου
- Οι Κένταυροι του Κρόνου
- Ήταν Όλοι τους Μανάβηδες
- Το Κουτάλι της Γαβάθας
- Ο Άσος των Μεταμφιέσεων
- Ο Τρίτος Χρησμός
- Η Γειτονιά με τους Σκουπιδοντενεκέδες
- Η Σφεντόνα και το Μπρίκι
- Η Ύπουλη Παγίδα
- Ο Μαύρος Πάνθηρας
- Καταδίωξη στο Φεγγαρόφωτο
- Τα Σαράντα Στιλέτα
- Η Ανάκριση της Ερωφίλης
- Ζητούνται Διαρρήκτες
- Πανικός στην Κουζίνα
- Όσα Φέρνει ο Άνεμος
- Παπιγιόν για Φώκιες
- Το Δόντι της Κόμπρας
- Στο Καζάνι των Κανιβάλων
- Το Ξύπνημα του Φρουκτήνους
- Η Τελευταία Προδοσία
- Το Υπνωτικό Σκονάκι
- Οι Σαράντα Σεφ

Κι άλλα βιβλία που έγραψε ο Ευγένιος για σας!

ΦΡΟΥΤΟΠΙΑ – ΣΥΛΛΕΚΤΙΚΗ ΕΚΔΟΣΗ (ΜΤ)

- Τόμος 1, Ο Χαμένος Μανάβης
- Τόμος 2, Η Απαγωγή της Μαρουλίτας
- Τόμος 3, Η Ιπτάμενη Σβούρα
- Τόμος 4, Η Σκιά του Προδότη
- Τόμος 5, Το Σάντουιτς του Τρόμου
- Τόμος 6, Ο Μαύρος Πάνθηρας
- Τόμος 7, Παπιγιόν για Φώκιες
- Τόμος 8, Το Δόντι της Κόμπρας

ΦΡΟΥΤΟΠΙΑ – ΒΙΒΛΙΑ ΔΡΑΣΤΗΡΙΟΤΗΤΩΝ

- Έλα κι εσύ στη Φρουτοπία, Τχ. 1
- Έλα κι εσύ στη Φρουτοπία, Τχ. 2

ΑΛΦΑΒΗΤΑΡΙΑ – ΑΡΙΘΜΗΤΑΡΙΑ

- Αλφαβητάρι με Γλωσσοδέτες (ΜΧ)
- Αριθμητάρι με Γλωσσοδέτες (ΜΧ)
- Το Φτερωτό Αριθμητάρι (ΨΥ)

ΟΙ ΠΑΡΕΟΥΛΕΣ ΤΗΣ ΑΛΦΑΒΗΤΑΣ
ΣΕΙΡΑ ΑΛΦΑΒΗΤΑΡΙΩΝ (ΜΧ)

- Η Παρεούλα της Γαλάζιας Γάτας
- Η Παρεούλα του Ζαφειρένιου Ζαρκαδιού
- Η Παρεούλα του Κόκκινου Κροκόδειλου
- Η Παρεούλα του Πράσινου Παπαγάλου
- Η Παρεούλα του Ροζ Ρινόκερου
- Η Παρεούλα της Χρυσής Χελώνας

ΔΙΑΚΟΠΕΣ ΣΤΟ ΝΗΣΙ ΤΩΝ ΠΥΡΟΤΕΧΝΗΜΑΤΩΝ
ΣΕΙΡΑ ΧΙΟΥΜΟΡΙΣΤΙΚΩΝ ΕΚΠΑΙΔΕΥΤΙΚΩΝ ΒΙΒΛΙΩΝ (ΠΑ)

- Η Λιωμένη Σοκολάτα (Α' τάξη)
- Ο Γαλαξίας των Λέξεων (Β' τάξη)
- Οι Τρεις Μυρμηγκοφάγοι (Β' τάξη)
- Οι Βαλίτσες του Γίγαντα (Γ' τάξη)
- Η Συμμορία των Σκόρων (Γ' τάξη)
- Το Αόρατο Καγκουρό (Δ' τάξη)
- Η Σπανακόπιτα του Τσάρου (Δ' τάξη)
- Ο Δεκανέας Παραδέκας (Ε' τάξη)
- Η Κόρη του Φακίρη (Ε' τάξη)
- Το Κλεμμένο Ηφαίστειο (ΣΤ' τάξη)
- Ο Χρυσός Χαρτοπόλεμος (ΣΤ' τάξη)
- Το Μυστικό Ημερολόγιο των Διακοπών μου (για όλες τις τάξεις)

ΤΑ ΠΑΡΑΜΥΘΙΑ ΜΕ ΤΟΥΣ ΑΡΙΘΜΟΥΣ
ΣΕΙΡΑ ΧΙΟΥΜΟΡΙΣΤΙΚΩΝ ΕΚΠΑΙΔΕΥΤΙΚΩΝ ΠΑΡΑΜΥΘΙΩΝ (ΜΙ)

- Φουφήχτρα, η Μάγισσα με την Ηλεκτρική Σκούπα (Μετράμε ως το Δέκα)
- Άρης ο Τσαγκάρης (Πρόσθεση και Αφαίρεση)
- Η Φιφή και η Φωφώ, οι Φαντασμένες Φάλαινες (Πολλαπλασιασμός και Διαίρεση)
- Η Πριγκίπισσα Δυσκολούλα (Σύνολα και Υποσύνολα)

ΔΩΡΑΚΙΑ ΑΠΟ ΜΕΝΑ ΓΙΑ ΣΕΝΑ
ΣΕΙΡΑ ΒΙΒΛΙΩΝ ΓΙΑ ΕΡΩΤΕΥΜΕΝΟΥΣ (ΜΧ)

- Δωράκια από Μένα για Σένα (από αγόρι σε κορίτσι)
- Δωράκια από Μένα για Σένα (από κορίτσι σε αγόρι)

ΕΚΔΟΤΙΚΟΙ ΟΡΓΑΝΙΣΜΟΙ

- (ΑΘ) ΑΘΗΝΑ 2004
- (ΑΚ) Ακρίτας
- (ΕΓ) Ελληνικά Γράμματα
- (ΕΣ) Βιβλιοπωλείο της Εστίας
- (ΙΚ) Ίκαρος
- (ΚΕ) Κέδρος
- (ΚΛ) Καλέντης
- (ΚΣ) Καστανιώτης
- (ΜΙ) Μίνωας
- (ΜΧ) Μεταίχμιο
- (ΜΤ) Modern Times
- (ΠΑ) Πατάκης
- (ΣΕ) Σοροπτιμιστική Ένωση Ελλάδος
- (ΥΕ) Υπουργείο Εξωτερικών
- (ΥΤ) Υπουργείο Τύπου
- (ΨΥ) Ψυχογιός

ΤΑ ΒΙΒΛΙΑ ΤΟΥ ΕΥΓΕΝΙΟΥ ΣΤΙΣ ΕΚΔΟΣΕΙΣ ΨΥΧΟΓΙΟΣ

Οι πειρατές της καμινάδας

Μια ξεκαρδιστική περιπέτεια σε στοιχειωμένους πύργους, μυστικά λιμάνια, κακόφημα πανδοχεία, μυθικά παλάτια, ανεξερεύνητες ζούγκλες και φουρτουνιασμένους ωκεανούς. Μια περιπέτεια γευστική σαν κρέμα σαντιγί, μαγευτική σαν πυροτέχνημα, πιο παράξενη από τη γύρη των ονείρων, πιο φανταστική από το μυστικό της ασημένιας φεγγαροπεταλούδας.

Η ζωγραφιά της Χριστίνας

Η πρώτη λέξη έμοιαζε με κλειδί που γυρνάει σε σκουριασμένη κλειδωνιά. Η δεύτερη θύμιζε άλογο που καλπάζει σε λιβάδι με τετράφυλλα τριφύλλια. Και η τρίτη αντήχησε σαν πυροτέχνημα σε ουρανό γεμάτο ουράνια τόξα! Με την τρίτη λέξη η πόρτα του παλαιοπωλείου άνοιξε αργά αργά αφήνοντας μια σκοτεινή χαραμάδα. Η Χριστίνα γλίστρησε από το άνοιγμα και βγήκε στον έρημο δρόμο...

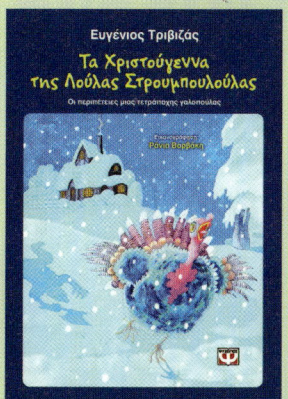

Τα Χριστούγεννα της Λούλας Στρουμπουλούλας

Η Λούλα Στρουμπουλούλα, η τετράπαχη γαλοπούλα, δεν είναι ένα συνηθισμένο πουλερικό. Δε δέχεται αδιαμαρτύρητα τη μοίρα της. Μόλις αντιλαμβάνεται ότι ο κύριος και η κυρία Ζαρζαφούτη σκοπεύουν να την κάνουν ψητή στο φούρνο, αναλαμβάνει αμέσως δράση. Κρύβεται, μεταμφιέζεται, εξαφανίζεται, ελίσσεται, ακόμα και κομάντος με μαύρη μάσκα γίνεται, ώσπου για καλή της τύχη, ένα λεπτό ακριβώς προτού την εκτελέσουν, βρίσκει σε ένα σεντούκι κάτι που θα αλλάξει για πάντα τη ζωή της αλλά και τη ζωή του ζεύγους Ζαρζαφούτη.

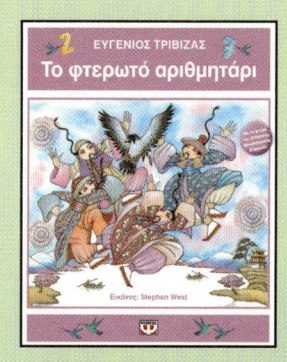

Το φτερωτό αριθμητάρι

Αριθμητάρια υπάρχουν πολλά, όλα όμως προσγειωμένα. Φτερωτό αριθμητάρι σπάνια βρίσκει κανείς. Ο Ευγένιος κάνει για άλλη μία φορά το θαύμα του. Ελευθερώνει την Αριθμητική από τα δεσμά της βαρύτητας και την απογειώνει στους αιθέρες. Θα πιάσει την καρδερίνα ο κυνηγός με την καραμπίνα; Θα πιάσουνε το κιρκινέζι οι τέσσερις σοφοί Κινέζοι; Αυτό μόνο οι αναγνώστες του βιβλίου που θα απογειωθούν μαζί του και οι πεταλούδες που κάθονται στους ώμους τους θα το μάθουν.

ΔΙΑΒΑΣΤΕ ΤΑ ΟΛΑ! ΜΗΝ ΚΑΘΥΣΤΕΡΕΙΤΕ!